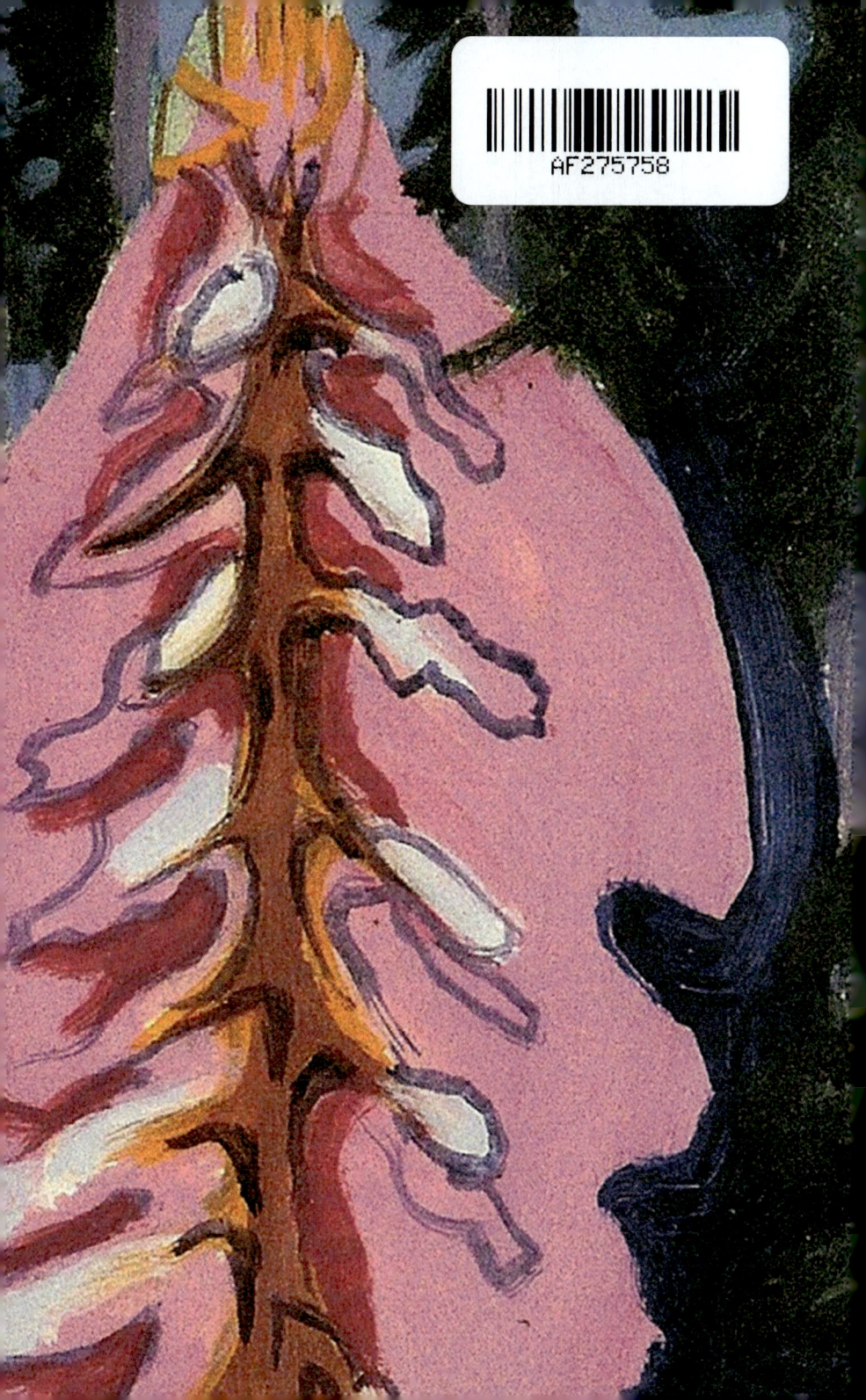

CRUZAMOS POR EL RAS DE LA MONTAÑA

EDITORIAL CÁNTICO
COLECCIÓN · CULPABLES
DIRIGIDA POR RODRIGO GARCÍA MARINA

cantico.es · @canticoed

© María de la Cruz, 2023
© Editorial Almuzara S. L., 2023
Editorial Cántico
Parque Logístico de Córdoba
Carretera de Palma del Río, km. 4
14005 Córdoba
© Prólogo: Laura Rodríguez Díaz, 2023
© Diseño de cubierta: *Wintermondlandschaft* (1919)
de Ernst Ludwig Kirchner, en el Instituto de Artes de Detroit,
intervenida por Dani Vera
© Fotografía de autora: Javier Collado, 2023

ISBN: 978-84-19387-85-1
Depósito legal: CO 2011-2023

Impresión y encuadernación:
Imprenta Luque S.L.

MARÍA DE LA CRUZ

CRUZAMOS POR EL RAS DE LA MONTAÑA

EDITORIAL CÁNTICO
COLECCIÓN · CULPABLES

SOBRE LA AUTORA

María de la Cruz (Madrid, 2000) es filóloga hispánica por la Universidad Complutense de Madrid y becaria de investigación en el Instituto de Lengua, Literatura y Antropología del CSIC. En 2019 publicó su primer poemario, *Los clavos que dan nombre a la metralla* (Entropía Ediciones). En 2021 recibió el Premio Accésit en la edición XXIX de los Premios "Madroño" por *Cruzamos por el ras de la montaña*. Algunos de sus poemas han sido publicados en revistas como *Casapaís*, *Caracol Nocturno* o *Guacamayo*.

INVENTAR UN BOSQUE, ENTRAR EN ÉL
POR LAURA RODRÍGUEZ DÍAZ

Este libro es un camino que no has hecho aún. Podrás reconocerlo, no obstante. Ya has escuchado antes en qué consiste. Incluso puede que tú mismo lo hayas planeado alguna vez. Puede que hayas deseado cortar la niebla para avanzar a través de ella. Sin embargo, te parecerá un movimiento nuevo. Lo será. Las combinaciones que conforman estos recorridos son múltiples, generan tramas y gramáticas diversas, nos animan a seguir dibujando sobre el mapa. «Tránsito cerrado», pero también inestable, poroso y dispuesto a salir de sí para ser activado una y otra vez.

Este trayecto es plural, progresa gracias a la suma: el roce y el vuelo, la cercanía de los gestos horizontales y la altura que alcanza lo que se eleva. Cada paso es un punto de encuentro finito y la conciencia de que aquellos que nos acompañan por el bosque nos hacen mirar a los lados; también de que la bruma o los árboles nos obligan a levantar la vista. Vamos tocando —continua, momentáneamente— capas superpuestas, una altitud. *Cruzamos por el ras de la montaña.*

El inicio del camino es un gesto sencillo y, paradójicamente, una forma de pausa: la mirada. En el caso de María de la Cruz, una mirada que existe con el otro, atenta al amado y a su capacidad para ser —junto a ella— parte del paisaje. De la Cruz desarticula la jerarquía que distingue entre entes activos y pasivos, el discurso de quien enuncia buscando un orden que le beneficie. De esta manera, los amantes, los ciervos atravesados o las hojas que filtran la luz conviven. La naturaleza no es recreada como un marco o un fondo, sino como un agente con la habilidad de acoger o fracturar a aquellos que la recorren y, a la vez, la despliegan. El paisaje envuelve, señala la imposibilidad de ponerse frente a él: «después tú sacudiste un sauce. / cayeron varios frutos luminosos. / dijeron caminad. y caminamos. / nuestros cuerpos violentados por la nieve».

A pesar de esta visión integradora, no podemos olvidar que el paisaje es posible en el libro como espacio mental. De la naturaleza vivida a la sobrenaturaleza que supone la ficción literaria. Los movimientos físicos que motivan nuestra voluntad de representación son aquí un desplazamiento interior, un viaje cercano a lo espiritual. Ante una memoria incapaz de retener cada suceso —una motivación propia de la hiperconciencia amante—, el discurso: «¿podremos recordar este color?». La obra se pregunta por los límites de la belleza y el recuerdo, y su alianza con el relato artístico para sobrevivir.

En consecuencia, nos hace cuestionar la confesionalidad asociada a la poesía. Plantea, además, la posibilidad de desarrollar el deseo mediante la ficción —una reivindicación de que la realidad motiva, pero de que la obra existe por sí misma— y la capacidad del poema tanto de revelar a través de la imagen como de narrar una secuencia espaciotemporal. *Cruzamos por el ras de la montaña* pone en duda, señala que la verdad del poema puede ir en una dirección diferente a la del testimonio, aunque se refiera a él, y difumina las formas de la tradición en la que se inserta, con la que dialoga.

María de la Cruz parte de Safo y San Juan de la Cruz, reflexiona junto a Louise Glück y Anne Carson, y adopta las visiones de las *road movies* y las canciones que viajan con los forasteros. Como resultado, consigue abrir planos brillantes o vaporosos, siempre al filo de una certeza; tal vez esa sensación de destello o incertidumbre sea la certeza misma. Los referentes que nos acompañan y configuran funcionan como soporte discursivo —identitario— y viven en las actualizaciones que hacemos de ellos, en sus proyecciones. De la Cruz nos lo descubre ágilmente: «así intentamos calcular el tiempo / recorrido. los pasos de los otros. / los mapas de las aves. soñé / con el futuro de algún verbo».

A la mirada y la reflexión en torno a la representación literaria les sigue, como es natural, la necesidad de explorar el lenguaje, una realidad que sirve como herramienta a lo largo del trayecto, que permite su avance y constitución. La imagen que actúa solitariamente corre el riesgo de desvanecerse si no es vertebrada, entre otros códigos, por la lengua. Asimismo, la lengua se establece gracias al signo, es decir, la unión de un significante —o forma— y un significado —o representación del referente—. Mirada y enunciación están estrechamente relacionadas desde el origen del signo y esto es algo que la poesía de María de la Cruz rescata, pone en valor. El lenguaje cotidiano es una forma inteligible de acceso al conocimiento. La palabra poética, en su naturaleza doble —cognoscible y sensible—, significa y oculta. Expresa mistéricamente; avanza hasta nosotros del revés. El poemario rastrea la sorpresa y el dolor que produce que el instrumento más eficaz de significación y apertura al mundo sea imperfecto.

El poema es presentado como una prolongación del cuerpo, una materia que da lugar a más materia. El habla es un acto físico, orgánico, y su sustitución, la escritura, también necesita de los cuerpos para ser. En este proceso, se da la aceptación de nuestros límites y se muestra el poema como una herida violenta y luminosa. Lejos del lamento, aceptando la extrañeza, la obra nos revela la apertura estética que fomentan la ausencia de sentido y el carácter efímero del signo lingüístico. Obligados a decir continuamente, aceptamos que la linealidad de la palabra, su desvanecimiento en la oralidad y nuestra incapacidad de acceder a determinados significados —esa corza que no nos mira— conectan con la percepción del tiempo presente, con la historia que va evaporándose a cada rato, con el silencio.

Pese a esto, vamos diciendo. Alcanzamos la unión breve, nos sabemos parte de un todo, cuando recurrimos a las redes imperfectas del lenguaje. Hay un instante —amoroso, visual, silábico— en el que entendemos la metáfora y su capacidad para funcionar como hilo que une y reúne. Señala entonces María de la Cruz: «el milagro está en el hilo. no en lo atado», y nos recuerda que la belleza se encuentra en los transcursos y en la forma en la que los abordamos. Hay muchas maneras de recorrer esta montaña. Es deber de cada uno buscar los modos de accionar este espacio cerrado y volátil una vez más.

para la corza que no me miró

Buscando mis amores
iré por esos montes y riberas

SAN JUAN DE LA CRUZ

The world was very large. Then
the world was small. O
very small, small enough
to fit in a brain.

LOUISE GLÜCK

cruzamos por el ras de la montaña.
el filo inofensivo de nuevo rebasándonos
los ojos. parece que hemos vuelto
la vista hacia senderos individuos.

cuando lo hermoso llega hasta el poema
la criatura huye

sin embargo, esto es solo
una crónica difusa. el orden
que regula la vida y el mundo
no me basta. esto no es no podría serlo
un libro de memorias. si acaso
es solo una negación del tiempo.
aquí siempre seremos los mismos.
te ofrezco ahora este tránsito
cerrado. una estanca *road movie*
con alguna que otra imagen reseñable

estás aquí. te observo
volverte lentamente bajo un árbol
cualquiera. te observo contenido.
tú frente a este rostro
estas palmas abiertas.
estás aquí y estamos y me niego
a ver el mundo
ese círculo amplísimo
como un lugar que fue ya mucho antes
que existió mucho antes
que todos los árboles los cuerpos
las luces impacientes

he de decirlo ahora.
balbucear. el quiebre de esa pata.
y lo sucio de la sangre en el asfalto
ha de nombrarse aquí.
decir aún lo recuerdo y esa cría
anda vagando por el bosque

entonces lo supimos.
la fuerza viene dada
por la sola
imagen de la carne. a tiempo
lo supimos.
rasgamos con las uñas
el lomo
de ese ciervo atravesado

llegamos y a la mañana siguiente
con la luz supimos dónde
descansar la cabeza.
tus cejas se arquearon. esta vez
creo que la carne se dobla por nosotros
se ha doblado y nos espera.
rocé tu muslo. y quise recordar
criaturas antiguas. antiguas leyendas
que ya nadie pronunciaba
que de pronto dulcemente
volvían a la vida en nuestra boca

así intentamos calcular el tiempo
recorrido. los pasos de los otros.
los mapas de las aves. soñé
con el futuro de algún verbo.
tú no pudiste dormir, aunque
viste el lenguaje extraño de los días.
son palabras y son aire acrecentado.
voladuras son decías sonriendo

lo confieso. también
soñé tu mano.
el bosque la envolvía.
noche través tu mano
blanquísima. deseada

y el fulgor rotundo
de una sílaba de agua
me llevó

tu boca que es así lo inabarcable.
déjame decirte luz entera
movimiento blanco amplísimo
paraje donde largas avenidas
los transeúntes todos los estúpidos
vencejos golpeados se suceden

durante la tarde la nevada.
habrá algo mayor algo más duro
más brutal ahí fuera ¿podremos
recordar este color? es triste, pero
yo sobre el recuerdo no sé nada
y el dolor se me salía de las tripas.
nos observé a ambos enmarcados
en ese mismo instante. éramos
personajes predecibles. abiertos
a una linde que nunca se acababa.
con la nieve partiéndonos los ojos.
también de cara al frío

anoche
tan cerca de la infancia
leí un salmo. mucho
después tú sacudiste un sauce.
cayeron varios frutos luminosos.
dijeron caminad. y caminamos.
nuestros cuerpos violentados por la nieve

respondiste también
la nieve la olvidamos.
y así fue. dimos de lado el hielo.
de espaldas a lo hostil del escenario.
ya no pensamos más en los contornos
del río. el nombre no me mancha
las pupilas, pero la palabra pesa.
verás que como un tórax que enfebrece
acogí la nieve. supe de los cristales.
me aferré a las líneas que alguien
había preparado para ti

toda imagen del amor
burla el blanco de las cosas.
una suspensión total del ápice
entre el agua. pensamiento recorrido
que se yergue con paciencia
hasta los centros de los otros

por el momento el raso
habría de mostrarse silencioso.
nada que sobresalte a las especies
que ahora nos conocen. ni un solo
eco posible para ellas.
tampoco para mí

tomé de mi memoria lo que pude.
lo que no siguió rotando en un vacío.
de esa grieta salvé una estrofa breve
que hablaba de unos viajes anteriores
a los nuestros. los cantos se fundieron
y no pude separar la voz protagonista
de la bruma. un desliz recurrente
en estas líneas. es curioso.
apenas una estrofa mal cantada
me basta para oír el movimiento
de las horas. esto pienso bajo sábanas
de aves que nos guardan del ruido

te miro ahora a través de los sauces.
descansas con mi ropa. entretanto
acudo al centro del poema
si es que existe debajo
de algún lago algún poema.
acudo al fondo. solo observo
tras esas aguas turbias las palabras.
se hunden y descienden
cuerpos extasiados luz
ingrávida. desnuda al fin ya ciega de deseo
entro al lago que es el poema cristalino

la narración me obliga a detenerme
cuando el lago te sujeta. mientras nadas
el arco de tus piernas crea el agua.
tú eres la figura en el paisaje.
una curva que se busca
tras de sí. te doblas en ti mismo
y el lago se acompasa. no el contexto.
conviene recordarlo.
la lengua es una grieta. una falta
que arremete a lo profundo.
a lo lejos algo brilla

y tras de las palabras.
la frágil transparencia.
lo que no conseguimos extirpar
de lo quemado. el golpe
que endurece en la memoria

porque alguien cantaba. intenté
renegar de la observancia. miradas
desatentas. por cada simulacro
una escritura difería. lo real era ligero
en su extrañeza. y en la escucha
un aire desgastado como edades
de oro como umbrales
inauditos en mi boca

en qué consisten las sendas
los transeúntes. la pregunta
se parece a la respuesta.
las vías o los seres que deambulan
suceden por contraste.
lo mismo que un vagón y un patio
desconocido. o el surco
de mi labio frente al tuyo.
ambos entes del mundo se muestran
alejados. hasta que de pronto
un hilo amarra lo semejante.
esto es en esencia la metáfora

asimilé el hallazgo. y el procedimiento.
lo que vino después no es destacable.
supongo que lancé cuerdas
que me imaginé amarrando
todos los sauces uno a uno
hueco a hueco hasta tocar
las leyes que atraviesan
este monte. até lo dispar
cuando nada ocurría
en la diferencia. el milagro
está en el hilo. no en lo atado

se trata de un impulso muy antiguo.
poseer lo similar anticiparlo
en el paisaje. abrir camino
entre las formas por miedo
por placer. morder como otros cuerpos
animales buscar antiguas
quemaduras llagas
en el lenguaje. es la imagen conocida.
tus dedos en lo inscrito.
en lo arañado. en el vientre
de un mamífero que al fin estalla

tuvimos un hogar antes del verde
inalterable de este mundo.
allí las voces viejas procuraron
que los tallos nos creciesen hacia dentro.
alguien tomó mi mano alguien me dijo
la curva de una rama siempre abraza
tu costilla. las dos pueden quebrarse
con el frío ten cuidado.
la voz no me lo dijo,
aunque deduzco que igualmente
una pequeña rama se abre paso en la tuya.
lo niegas mientras guardas
cada almendra que avistamos.
eso es solo un poema y los poemas
nos alejan de la vida.
creo que tu inconsciencia me enternece.
rompo a carcajadas. escribo en un renglón

       tu costilla y mi costilla aferradas a las flores porque
                 [nacen y mueren con belleza

la velocidad de tus palabras
me hace creer que aún no
te has percatado. aquí
todo se muestra repetido.
rocé los huesos arañados
de un reptil. míralos. son iguales
a los primeros huesos de este mundo.
el jugo que he bebido de tu mano
alimentó a los álamos. y la luz
entrecortada que ayer nos asustó
rompió también el sueño de una yegua.
todo lo que vemos ha ocurrido
muchas veces. el valle es un cantar
a cada canto se reescribe

ya es tarde. ahora escucha.
son tus manos cayendo
sin dolor contra las aguas.
y este ardor tan antiguo.
habrá que amar y abrirse en el pecho
una hendidura rasa.
y no ceder

te he escuchado porque a veces
el bosque se presenta verdadero.
quiero decir a veces todo se configura
y queda comprendido en un solo fotograma.
la luz que cae, pero es siempre
la misma. un verbo volátil
flotando en el espacio. lo que ambos
aprendimos del crujido imaginado
de las hojas. todo esto que nombramos
constante y real. al fin entiendo el frío
y ese gran dolor que aquí nos parece
igual a los dioses

conozco estos árboles
y el aire entreverado que recorre
los contornos de la hiedra
en tu barbilla. lo pronuncio y el misterio
vuelve a mí definitivo. he visto
tantos círculos aquí que no comprendo
la inmensidad de este pequeño punto
mágico y sonoro. flotante. incontenible

porque tu mano transmigra
y bordea la fisura saturada
de ese lumen. porque extiende
su calor me pregunto qué nos hace
maleables. criaturas que se rozan
mutuamente las muñecas

decirnos tantas cosas. entregarte
la violenta belleza de los verbos.
al fin decir lo bello sobrevive
a la luz antigua. lo bello existe
y existir en un rumor. como hicimos
tantas noches oscuras. sílabas antes

velo ras de urbe boca
o voz manida hueca. aunque
los últimos ancianos de la tarde
ya durmiesen. aunque todo
se mostrase en su lugar

esa corza sedienta no me miró. entonces confié
en su forma de creer en el silencio.
comencé a entregarme a lo intuido
al tiempo que el bosque nos había dado. a las
señales las presencias. punzadas de belleza
insoportable. me arrojé a lo soterrado
y amé lo oculto. y la imagen de esa corza
como un presagio que al rozar el agua
de pronto ardía

ese era el poema.
la venida.
lo parado

algo parecido a la pulsión de las tormentas.
lo intuíamos. buscamos otro signo. un esternón
duradero. pensé en invocar madera combada
contra la tierra. forzar la curvatura
de una clavícula. pensé también las cosas de noche
parecen de día. pero queríamos el cauce dorado
del liquen. en silencio dispuse las piedras que quedaban.
el camino seco del paisaje. lo que alguien
retuvo entre los muslos

sobre la corteza hendiduras palabras.
no sé si leíste la historia de aquella
bellísima mujer. en algún lugar
del llano quedó escrita. le lavó
los pies con sus lágrimas
con cabellos amarrados casi
rotos los secó. no sé si te paraste
ante esa estampa o si alguien
esta tarde lo recuerda

miraba lo oculto. cualquier cosa
refugiada en las fracturas. oculta miraba
tus pequeños ejercicios de observancia.
tus obstinaciones enraizadas. tu tórax sigiloso.
no existen los misterios invisibles. queda siempre
un testigo. el sujeto que acoge
lo que le es dado. quien sostiene
un nido deshecho en el estómago. la mano
bajo un fruto que tirita. miraba tus tejidos
desgajándose. tu cuerpo que cuidaba
de otro cuerpo. de un toro ciego y anciano.
con los ojos a ambos os sostuve

del otro lado el tren.
mi boca comenzaba a tropezar
en el lenguaje. pero el tren
existe aún. rompíamos al ritmo
frutos y hojarascas.
ansié nombrar tus pasos.
una vez leí en un libro olvidado
amarillento: después del deseo
un mapa intransitable. luego el vacío

he visto curvaturas. y he querido
ser un ojo interrumpido
en el desastre. congelado
hacer camino entre el dolor.
dónde acaban estas piernas
cansadas temerosas
y se agolpa la llanura dónde
quedó el lago o el poema
quién conforma
hogueras con sus manos

el bosque ya no tiene
nada que entregarnos.
repetías la oración
y al tiempo arañabas los entresijos
de un roble milenario y oscuro.
por primera vez aquí
sentí vergüenza.
preferí hundir la vista. observar
esta tierra insondable
y el fondo de las cosas.
en la superficie
pequeños insectos trazaban
el surco que alimenta la llanura.
después de todo el viaje
era preciso. así que continuamos.
busqué tus ojos y con calma te enseñé
una vieja canción de forasteros

there is this word that
flashes across a body.
a day to find.
someone I needed. somebody
watching on the street

me miras y comprendes. lejos
cantos extranjeros cosen yerba

fuiste más allá del cruce y entonaste
el salmo que aprendimos sudorosos.
el tiempo ocurre al ritmo absoluto
de las aves. y el ciervo anda caliente.
queda sangre bajo un árbol todavía

existen muchos poemas donde
hombres muy leídos confabulan
sobre una amada que huye.
muchos hombres han escrito
estos amores. sueñan que la amada intercede
entre dos mundos contrapuestos.
el subgénero admite cambios de escenario
y ella oscila para siempre
sobre un límite. los guía entre lo oscuro
hacia lo oscuro. la comparan
con un río un fantasma del deseo
que adormece la conciencia.
desconfío de estos hombres. ellos
nunca dialogaron con la amada.
su amor oculto nada me interesa.
un poema sin cuerpo es un cuadro
gris. los iris dislocados de los hombres
son un pozo. ella corre escapa siempre
rompe los espacios quiebra
el tiempo del discurso
y me acompaña

otros hablan
de una vía perdida.
solo lo recto capta su atención.
solo lo que a la senda pertenece
ha de ser transitado.
no te lo he dicho,
pero siempre estoy pensando
en el mismo poema. en él
una mujer se pierde a sí misma.
avanza hacia lo obtuso. se pregunta
si la naturaleza entiende sus deseos.
justo en el clímax de su relato
cuenta que se hizo perdediza

¿qué fue lo que perdiste?
hablo de lo que no de la carencia
primera. una planicie sin interludios.
apenas un orden observable. pienso
en robar un signo primitivo
desnucarlo. escribir un día los troncos
fueron más esbeltos o quizás
los pájaros relucen por las horas.
contener en este trazo
la extensión del territorio.
limitarlo a los confines del lenguaje.
cataratas de motas me desgastan.
sin embargo, la técnica es sencilla.
solo exige disciplina. contorsiones
del hígado o la fiebre ya sabes.
aunque las palabras
fuercen la huida

todo cruce de sentencia
acabaría.
en una llanura rasa.
en el cielo que se abre.
indecentemente aquí

la escena aún persiste.
dos corzos indefensos refugiándose
en todo lo que estuvo y lo que no.
paseando sobre ramas ya caídas
les rodea despacio
el leve tintineo de las formas.
aquella misma tarde anoté
el del bosque es un amor
de sutilezas. retenerlo
es imposible. detuve el trazo
y sentí a mis espaldas
todo lo que aquí estuvo y una vez
se hundió en la tierra

Los juncos como si se quebrasen para algo

Inés de la Higuera

AGRADECIMIENTOS

a Carmen de la Cruz Barbero
por las lecturas

a Alejandro Ruiz de la Puente
por no resolver el misterio

a Nieves Albo Sánchez-Trillo
por lo secreto

a Elena Monge Hermida
por la permanencia

a Javier Collado Sánchez-Trillo
por la mirada

a Laura Rodríguez Díaz
por el encuentro

a Almudena Cabrera Iglesias
por el color blanco

al enero mágico de 2021

a ti que aún escuchas

ÍNDICE

Cruzamos por el ras de la montaña
de María de la Cruz,
compuesto con tipos Montserrat en créditos
y portadillas, y Cormorant Garamond
en el resto de las tripas,
bajo el cuidado de Dani Vera,
se terminó de imprimir
el 19 de diciembre de 2023.

LAUS DEO